Édition originale parue sous le titre :
Wolfgang Amadeus Philipp.

Illustration d'Hanne Türk.
Scénario d'Olivier Massart,
avec l'autorisation de « *Les producteurs* ».

Édition française :

ISBN 2.227.70515.9
Imprimé en Espagne

HANNE TÜRK/OLIVIER MASSART

LE PIANO D' ALEX

CENTURION JEUNESSE

The Kinks
MOZART
Turkish March

MOZAR
Turkish March